BEI GRIN MACHT SICH IHR WISSEN BEZAHLT

Sabine Neureiter

Das Grab Sethos' I. – Jenseits der Schöpfung

GRIN Verlag

Bibliografische Information der Deutschen Nationalbibliothek:

Die Deutsche Bibliothek verzeichnet diese Publikation in der Deutschen National-
bibliografie; detaillierte bibliografische Daten sind im Internet über http://dnb.d-
nb.de/ abrufbar.

Dieses Werk sowie alle darin enthaltenen einzelnen Beiträge und Abbildungen
sind urheberrechtlich geschützt. Jede Verwertung, die nicht ausdrücklich vom
Urheberrechtsschutz zugelassen ist, bedarf der vorherigen Zustimmung des Verla-
ges. Das gilt insbesondere für Vervielfältigungen, Bearbeitungen, Übersetzungen,
Mikroverfilmungen, Auswertungen durch Datenbanken und für die Einspeicherung
und Verarbeitung in elektronische Systeme. Alle Rechte, auch die des auszugsweisen
Nachdrucks, der fotomechanischen Wiedergabe (einschließlich Mikrokopie) sowie
der Auswertung durch Datenbanken oder ähnliche Einrichtungen, vorbehalten.

Impressum:

Copyright © 2007 GRIN Verlag GmbH
Druck und Bindung: Books on Demand GmbH, Norderstedt Germany
ISBN: 978-3-656-50606-5

Dieses Buch bei GRIN:

http://www.grin.com/de/e-book/262178/das-grab-sethos-i-jenseits-der-schoepfung

GRIN - Your knowledge has value

Der GRIN Verlag publiziert seit 1998 wissenschaftliche Arbeiten von Studenten, Hochschullehrern und anderen Akademikern als eBook und gedrucktes Buch. Die Verlagswebsite www.grin.com ist die ideale Plattform zur Veröffentlichung von Hausarbeiten, Abschlussarbeiten, wissenschaftlichen Aufsätzen, Dissertationen und Fachbüchern.

Besuchen Sie uns im Internet:

http://www.grin.com/

http://www.facebook.com/grincom

http://www.twitter.com/grin_com

Das Grab Sethos' I.
- Jenseits der Schöpfung

Erstmals publiziert in:
Kemet - Die Zeitschrift für Ägyptenfreunde,
Sethos I.,
Bd. 2, 2007, Kemet Verlag, Berlin, 24ff
(www.kemet.de)

von

Sabine Neureiter, M.A.

Vorwort

Bei meinen Kemet-Artikeln handelt es sich um Texte, in denen ich versuche auf wenigen Seiten viele Informationen zu liefern. Der inhaltliche Rahmen ergibt sich aus dem Titel-Thema der jeweiligen Kemet-Ausgabe. Alle Artikel in den Kemet-Magazinen sind bebildert; die Fotos ergänzen die Texte.

Mir war bei jedem einzelnen Artikel wichtig, nicht lediglich schon bekannte und überall nachzulesende Informationen zusammenzustellen und nachzuerzählen. Ich betrachte alle Themen aus einer über den Tellerrand der Ägyptologie hinausgehenden Perspektive und stelle oftmals Thesen in den Raum, die eine Diskussion anstoßen sollen. Es handelt sich dabei aber immer um begründete und nicht aus der Luft gegriffenen Überlegungen.

Für viele meiner Artikel bilden ethnologische, soziologische oder religionswissenschaftliche Ansätze den Rahmen, um alternative Sichtweisen zu ermöglichen. Dabei gehe ich durchaus – aus ägyptologischer Sicht – etwas provokativ an ein Thema heran. Aber immer nur mit dem Ziel, neue oder unbekanntere Aspekte darzustellen.

Um altbekannter Kritik von vornherein entgegenzutreten: Grundsätzlich ist ein über räumliche und zeitliche Grenzen hinwegreichender Kulturvergleich ebenso statthaft wie ein sich ausschließlich an die Originalquellen haltender Versuch, Erkenntnisse über die altägyptische Kultur zu gewinnen. Das Argument, es handle sich bei dem einen um eine anachronistische und bei dem anderen um die einzig akzeptable Vorgehensweise, greift nicht. Denn schließlich findet auch das sprachwissenschaftlich fundierte Interpretieren einer altägyptischen Originalquelle alles andere als zeitnah zu ihrer Entstehung statt. Und eine Quelle aus der ägyptischen Spätzeit ist immerhin auch schon zweitausend Jahre jünger als etwa eine aus der Pyramidenzeit, so dass die Interpretationsergebnisse der jüngeren Quelle als anachronistisch bewertet und zum Verständnis der älteren nicht herangezogen werden dürften, wollte man dieser Argumentation folgen.

Nicht nur der Kulturvergleich, sondern gerade auch der interdisziplinäre Ansatz erweitert unseren Verstehenshorizont. Dann finden sich Antworten auf Fragen, die sich aus ägyptologischer Sicht nie stellen würden und werfen Licht auf unbeachtete oder unbekannte kulturelle Phänomene. Auch scheinbar wissenschaftlich längst bearbeitete Bereiche müssen immer wieder auf den Prüfstand; allein, weil jedem Wissenschaftler und jeder Wissenschaftlerin eine subjektive Sichtweise zueigen ist und jeder Versuch, Subjektivität aus der Arbeit auszuschließen und reine Objektivität walten zu lassen, niemals gelingen kann.

Letztendlich kann es immer nur darum gehen, ein weiteres kleines Fenster zum Verständnis der altägyptischen Kultur aufzustoßen.

Das Grab Sethos' I. – Jenseits der Schöpfung

Totentempel und Königsgrab

Die Auferstehung Sethos' I. erfolgte als Gott. Ihr ging eine jenseitige Wiedergeburt voraus, die sein Leben auf einer anderen Existenzebene als der irdisch-menschlichen einleitete. Die Wiedergeburt war der Übergang von einer materiellen zu einer transzendenten Lebensform. Die Bestattungsrituale, die Rituale der Mundöffnungszeremonie oder die zum sog. Geburtsmythos gehörigen Auferstehungsrituale begleiteten die finale Transformation des göttlichen Königs zum Gott. Der Totentempel des verstorbenen Königs war der Ort, an dem die notwendigen Kulthandlungen nach der Bestattung durchgeführt wurden.

Sethos I. ließ sich gleich zwei Totentempel bauen. Einen in Abydos - zusammen mit dem sog. Osireion, ein unterirdisch angelegtes Osiris-Grab. Es wird auch als Kenotaph – Zweitgrab – des Königs bezeichnet, was berechtigt ist, denn der verstorbene König war seit seiner Mumifizierung, die mit entsprechenden Totenritualen einherging, mit Osiris identisch. Der unterirdische Hauptsaal des Kenotaphs besteht aus einer „Insel", auf der sich der Sarkophag des Osiris-Sethos befand. Sie ist von einem bis zum Grundwasser - dem Urgewässer Nun - hinabreichenden Graben umgeben. Hier wurde der Ursprung der Schöpfung realisiert: Der Urhügel, der sich aus dem Nun erhebt. Hier liegt der Anfang der vom Schöpfergott eingerichteten Ordnung (Maat), dem Leben.

Den anderen Totentempel ließ sich Sethos I. in Theben-West errichten, in der Nähe seines eigentlichen Grabes im Tal der Könige (Kings Valley). Er war die zu den unterirdischen Grabräumen gehörige oberirdische Kultanlage. Totentempel und Grab waren also aufeinander bezogen, ergänzten sich zu einer Einheit und dürften im Grunde nicht getrennt voneinander betrachtet werden. Totentempel und Grab zusammen bildeten für den verstorbenen König die Grundlage für sein ewiges Leben.

Ein Tempel war ein Abbild der Welt direkt nach der Schöpfung. Ein Königsgrab aber zeigte die Welt vor und außerhalb der Schöpfung. In den Tempeln und Gräbern verwirklichten sich also mythische Orte und Geschehnisse. Wir können sicher davon ausgehen, dass hinter jedem Raum, jedem Richtungswechsel der Achsen oder einer Götterszene an einer Wand eine ganz bestimmte Absicht steckte, die mythologisch begründet war.[1]

---

[1] S. a. Hellmut Brunner, in: Gunther Stephenson, Leben und Tod in den Religionen, 1980, 215ff

Wandbild und Raumfunktion

Das Grab Sethos' I. mit der Bezeichnung KV17 ist etwa einhundert Meter lang und war die erste königliche Grabanlage des Neuen Reiches, in der alle Wände, Decken, Pfeilerseiten und sogar der Sarkophag zur Aufzeichnung von Jenseitstexten genutzt wurden.[2] Bis auf wenige unfertige Bereiche war die Dekoration in bemaltem und erhabenem Relief ausgeführt.

Seit Thutmosis III. sind die Königsgräber in einen oberen und einen unteren Grabbereich gegliedert. Was es mit diesem Konzept des Doppelgrabes auf sich hat, ist noch völlig unklar; es findet sich aber auch im Grab Sethos' I. Der untere Bereich beginnt mit der Treppe, die von der oberen Pfeilerhalle in den vierten Korridor führt. Wie alle Königsgräber seit Echnaton wurde auch das Sethos-Grab mit gerader Achse und nicht mehr abgewinkelt angelegt. Die Achse des unteren Grabbereichs ist bei Sethos I. in Bezug auf den oberen Bereich aber etwas versetzt.

Da es sich bei dem Grab um einen nach der Bestattung des Königs versiegelten und von der diesseitigen Oberwelt abgeschlossenen Bereich handelte, hatten die Wandbilder – davon können wir sicher ausgehen - magische Funktion: Sie realisierten den mythischen Raum „Unterwelt", bei dessen nächtlichen Durchquerung der tagsüber gealterte Sonnengott regeneriert und morgens verjüngt wiedergeboren wurde. Während im Totentempel Priester tagsüber und vielleicht auch nachts rituelle Kulthandlungen vollzogen, um jenseitige, götterweltliche Geschehnisse zu aktivieren, bewegte sich in dem verschlossenen Grab nichts Menschliches mehr. Von den aufgezeichneten Bildern und Texten ging ein magischer Zwang aus, der den Lauf der Sonne in das Grab lenkte. Von Menschen zu vollziehende Kulthandlungen waren in diesem jenseitigen Bereich nicht durchführbar. Das Königsgrab war die Unterwelt, die Welt jenseits der Schöpfung, der Tod, die unmenschliche Unordnung, deren schiere Existenz die vom Sonnengott geschaffene Ordnung permanent bedrohte – was sich im Bild des ständig abzuwehrenden Apophis ausdrückte. Es wimmelte von Göttern und Dämonen. Der Sonnengott bewegte sich hier im Reich des Totengottes.[3]

Der König wurde vom Tag seiner Inthronisation an rituell mit Re und vom Tag seines Todes an mit Osiris gleichgesetzt. Kulthandlungen der Priester begleiteten nicht nur jede Lebens-, sondern auch jede Todesphase des Königs. Durch die Vereinigung des Osiris-Sethos mit Re - seinem Ba - wurde der Tod des verstorbenen Königs überwunden. Dies geschah am tiefsten Punkt des Grabes. Interessant ist in diesem Zusammenhang die Zweiteilung der Anlage, denn es gibt sowohl im oberen als auch im unteren Bereich einen tiefsten Punkt. Architektonisch gesehen ist dies oben die obere Pfeilerhalle und unten die Sargkammer. Ikonographisch gesehen ist es oben die sechste Stunde des Pfortenbuches und unten die sechste Stunde des Amduat. Diese Nachtstunde thematisiert und realisiert zugleich den tiefsten Punkt, den Re bei seiner Nachtfahrt erreicht, die Welttiefe. Hier vereinigt sich der Sonnen-Ba mit dem Sonnenleichnam, hier wurden Sethos, Osiris und Re eins. Die Vereinigung von Körper und

---

[2] Zur Entdeckungs- und Forschungsgeschichte des Grabes s. Erik Hornung/Elisabeth Staehelin, Sethos – ein Pharaonengrab, 1991 und s. Harry Burton/Erik Hornung, The Tomb of Pharaoh Seti I / Das Grab Sethos' I., 1991.

[3] Vielleicht sollten die räumlich abgelegenen Königsgräber nicht vor den Menschen versteckt, sondern die Menschen vor den Gräbern mit ihrem Innenleben geschützt werden?

Ba war die Voraussetzung für die Regenerierung jedes Verstorbenen. Sie war eine Art Wiederzusammenführung von Körper und „Seele", deren Trennung durch den Tod ausgelöst wurde. Dazu konnten die Verstorbenen auf den Totenbuchspruch 89 zurückgreifen, der auch auf dem Sarkophag Sethos' I. aufgezeichnet war und ihm somit direkt zur Verfügung stand: "Spruch, damit der Ba (wieder) seinen Körper berührt". Vom Wandbild kann also auf die Funktion des Raumes geschlossen werden – und umgekehrt.

Der obere Grabbereich

Die Fassade und der Eingang zum Grab, zu dem 24 Stufen hinabführen, blieben undekoriert. An den Wänden des ersten und zweiten Korridors sind Auszüge aus der sog. Sonnenlitanei, dem „Buch von der Anbetung des Re im Westen", aufgezeichnet; u. a. die 75 Anrufungen an die 75 verschiedenen Erscheinungsformen des Sonnengottes.[4] In diesem Rahmen wird Sethos I. mit Re gleichgesetzt: „Ich bin du, und du bist ich, dein Ba ist mein Ba, dein Lauf ist mein Lauf durch die Unterwelt!... Wie du bist, so bin auch ich, ... dein Wandel ist ja mein Wandel, dein Dahineilen ist ja mein Dahineilen... Meine Fahrt ist deine Fahrt, Re, mein Dahineilen ist dein Dahineilen... Ich gehe mit dem Gang des ‚Horizontischen', ich wandle mit dem Wandel Res".[5]

An der Decke des ersten Korridors sind Geier und Schlangenwesen abgebildet, die in das Grab hinein fliegen, um den verstorbenen König auf seinem Jenseitsweg zu beschützen. Im zweiten Korridor findet sich zusätzlich zur Sonnenlitanei die dritte Stunde des Amduat, in der die Anwesenheit des Osiris erwähnt wird. Hier weist Re Osiris seine Schöpferkräfte zu. Das Amduat, das „Buch von dem, was in der Unterwelt ist", ist in zwölf, durch Türen getrennte Stunden unterteilt, innerhalb derer Re in seinem Boot nachts die Unterwelt durchquert. Wo er hinkommt bricht sich Licht, Leben und Ordnung (Maat) die Bahn durch die Dunkelheit. Zur festen Besatzung des Sonnenbootes gehören deshalb Upuaut, der Wegeöffner, Sia, die Einsicht, Hu, der Ausspruch, Hathor als „Herrin der Barke", Horus als „Leiter der Barke" und die jeweilige Stundengottheit.

Im dritten Korridor schließen sich die vierte und fünfte Stunde des Amduat an. In beiden Nachtstunden wird das „Land Sokars, der auf seinem Sand ist" thematisiert. Eine gefährliche, wasserlose Wüstenregion, die vor allem von Schlangen bewohnt ist. Zunächst wird das Sonnenboot über diesen bedrohlichen Bereich hinweg gezogen, später verwandelt es sich selbst in eine Schlange, um voran zu kommen. „Die Leuchtkraft der Sonne ist jetzt so schwach, daß der Gott die Wesen dieser Stunde, wie der Text betont, nicht sehen kann, sondern nur durch seine Stimme mit ihnen verkehrt und für sie sorgt".[6] In der fünften Stunde ist der Grabhügel des Osiris zu sehen, aus dem Re als Skarabäus wiedergeboren hervorgeht.

---

[4] Zu den Unterweltsbüchern s. bes. Erik Hornung, Ägyptische Unterweltsbücher, 1989; ders., Altägyptische Jenseitsbücher. Ein einführender Überblick, 1997; ders., Die Nachtfahrt der Sonne. Eine altägyptische Beschreibung des Jenseits, 1998 und s. a. ders., Das Totenbuch der Ägypter, 1990.

[5] Erik Hornung, Tal der Könige, 1995, 103

[6] Erik Hornung, Das Tal der Könige, 2002, 72

Diese Stunde thematisiert das Totenreich mit den Totengöttern Sokar und Osiris, die hier gleichgesetzt werden. Der Korridor führt in den Schachtraum, an dessen Wänden Sethos I. beim Gebet und beim Opfer vor verschiedenen Göttern zu sehen ist, von denen er sich Schutz und Hilfe im Jenseits erhoffte. Der Schacht selbst realisiert die fünfte Stunde des Amduat und symbolisiert „in zweifacher Weise das Grab des Totengottes". Es ist zu lesen: „Sokar, es ist dein Grab, über das mein Weg geht" und „Osiris, es ist die Wache, die wir an deinem Grab halten".[7] Vom Schachtgrund gehen mehrere unerforschte Nebenräume unbekannter Lage und Art ab. Die Decke des Schachtraumes ist mit Sternen dekoriert. Der Schacht selbst ist blau bemalt, während die Grundfarbe der Sargkammer Gelb und die aller anderen Wände Weiß ist. Früher nahm man fälschlicherweise an, es handele sich bei diesen Schächten um Schutzmaßnahmen gegen Grabräuber, weshalb sie auch heute noch als „Grabräuberschächte" bezeichnet werden. Eine andere Theorie besagte, dass diese Schächte das Regenwasser auffangen sollten, das nach schweren Gewittern angeblich in die Königsgräber stürzte. Es gibt aber eindeutige Hinweise, die belegen, „daß der ursprüngliche Verschluß der Königsgräber so gearbeitet war, daß mittels hochwertigen Mörtels ein Eindringen von Wasser verhindert werden konnte".[8]

Die Decke der folgenden oberen Pfeilerhalle ist mit Sternen dekoriert, die Wände mit der fünften und sechsten Stunde des Pfortenbuches. Dieses Unterweltsbuch ist dem Amduat sehr ähnlich. Es ist in zwölf Nachtstunden unterteilt, die durch von Schlangen bewachte Pforten getrennt sind. Die Besatzung des Sonnenbootes besteht lediglich aus zwei personifizierten Schöpferkräften: Heka, der Zauber, und Sia, die Einsicht. Im Pfortenbuch ebenso wie im Amduat ist das zentrale Thema, Apophis – die Unordnung, den Tod - zu bezwingen. In der fünften Stunde werden den seligen Verstorbenen auf Geheiß des Sonnengottes Zeit und Land zugeteilt. Feinde des Sonnengottes allerdings werden der Vernichtungsstätte zugewiesen. In dieser Stunde findet sich auch die Gerichtsszene: der verstorbene König mit Horus vor dem thronenden Osiris, hinter dem die Westgöttin steht. In der sechsten Stunde – der tiefste Punkt der Nachtfahrt der Sonne und zugleich der tiefste Punkt des oberen Grabbereiches - sind die seligen Toten zu sehen, wie sie auf einer schlangenförmigen Bahre liegen, was als Zeichen ihrer Regeneration zu verstehen ist. Sie werden auf Befehl des Sonnengottes aus ihrem Todesschlaf erweckt. In dieser Stunde findet auch die Vereinigung des Sonnen-Bas mit dem Sonnenleichnam statt, der aber nicht abgebildet wird: „Er ruht unsichtbar auf den Armen von zwölf Trägern".[9] Zu sehen sind auch zwölf Götter, die ein doppelt gewundenes Seil, aus dem die Stunden herauskommen, abspulen. Die Zeit ist hier als Seil versinnbildlicht, das um den Hals des Gottes Aqen gelegt ist. Auf den Pfeilerseiten sind Götterszenen abgebildet.

In der Verlängerung der oberen Pfeilerhalle, in die drei Stufen hinabführen, finden sich ebenfalls Götterszenen auf den Pfeilerseiten. An den Wänden sind die neunte, zehnte und elfte Nachtstunde des Amduat angebracht. Dieser Raum blieb unfertig, die Texte und Darstellungen sind nur in Vorzeichnung vorhanden. In der neunten Stunde werden die Ruderer des Sonnenbootes vorgestellt. Insgesamt geht es in dieser Stunde um die Versorgung der Verstorbenen mit allem, was sie zum Leben brauchen. Die zehnte Stunde thematisiert den

---

[7] Friedrich Abitz, Die religiöse Bedeutung der sogenannten Grabräuberschächte in den ägyptischen Königsgräbern der 18. bis 20. Dynastie, ÄA 26, 1974, 117

[8] Abitz, Grabräuberschächte, 49

[9] Hornung, Tal der Könige, 89

Tod durch Ertrinken. Zu sehen sind Ertrunkene, die auch ohne angemessene Bestattungsrituale in die Unterwelt gelangen, um hier durch die Vereinigung mit ihren Bas wiedergeboren zu werden. In der elften Stunde ist der „Weltumschlinger" zu sehen, der zum Sonnenboot getragen wird. Eine Schlange, in der sich in der zwölften und letzten Nachtstunde des Amduat - die im Grab Sethos' I. nicht aufgezeichnet wurde - die Wiedergeburt des Sonnengottes ereignen wird. Zusätzlich ist die Zeitschlange abgebildet, wie sie die Stunden verschlingt und wieder gebiert. Mit diesem Pfeilerraum endet der obere Grabbereich. Von hier führt eine Treppe mit undekorierten Wänden in den vierten Korridor und damit in den unteren Bereich. Die Treppe war ursprünglich vom Fußboden des Raumes verdeckt und nicht zu erkennen.

Der untere Grabbereich

Im vierten und im fünften Korridor, in den fünf Stufen hinabführen, ist die aus vielen Ritualszenen bestehende Mundöffnungszeremonie abgebildet. Kern der Zeremonie ist das Statuenherstellungsritual.[10] Die abgebildeten Szenen zeigen Kulthandlungen von verschiedenen Priestern vor einer Statue des Königs. Die Decken der beiden Korridore sind mit Sternen bemalt. Das Bildprogramm der folgenden Vorkammer ist dem des Schachtraumes bis auf einige Varianten und zusätzliche Götterszenen sehr ähnlich. Die Decke ist mit Sternen bemalt, ebenso wie im folgenden, vorderen Teil der Sargkammer und in allen Seitenkammern.

Auf den Pfeilerseiten der vorderen Sargkammer sind Götterszenen dargestellt. An den Wänden findet sich die zweite, dritte und fünfte Nachtstunde des Pfortenbuches. Die Wände und Pfeilerseiten der gesamten Sargkammer haben als Hintergrundfarbe Gelb, was mit Gold gleichgesetzt wird. In der zweiten Stunde sind die Seligen und die Verdammten zu sehen. Die dritte Stunde zeigt das Sonnenboot, wie es „durch ein langgestrecktes Gebilde mit Stierköpfen hindurchgezogen wird, die ‚Erdbarke', die offenbar die ganze Unterwelt verkörpert, in der sich die nächtliche Verjüngung aller Wesen vollzieht".[11] Außerdem taucht der Feuersee auf, der für die Seligen Erfrischung, für die Verdammten aber Qual bedeutet. Ebenfalls abgebildet ist Apophis. Die fünfte Stunde ist hier ein zweites Mal aufgezeichnet. Sie findet sich auch an den Wänden der oberen Pfeilerhalle. Die vom vorderen Teil der Sargkammer ausgehende linke Seitenkammer ist mit der vierten Nachtstunde des Pfortenbuchs dekoriert und zeigt den „See des Lebens" und den „See der Uräen", eine Variation des „Feuersees". Zu sehen sind außerdem die „Götter des Osirisgefolges", die durch den Sonnengott regeneriert werden und sich um Osiris scharen, um Gefahren abzuwehren.

Die rechte Seitenkammer zeigt die vollständige Darstellung des „Buches von der Himmelskuh". Dargestellt ist die Himmelskuh, an deren Bauch das Sonnenboot entlang fährt. „Der Luftgott Schu, sorgt nun dafür, daß der Himmel dauernd gestützt wird und nicht auf die Erde herabfällt. Als weitere Stützen des Kosmos erscheinen die Zeit und Pharao".[12] Alle Pfeilerseiten der vorderen Sargkammer, die der Grabachse zugekehrt sind, bilden die falken-

---

[10] Zum Statuenherstellungsritual s. a. Sabine Neureiter, in: Kemet 4, 2005, 55ff

[11] Hornung, Tal der Könige, 87f

[12] Hornung, Tal der Könige, 86

und schakalköpfigen „Seelen" - die Bas - von Pe und Nechen im Jubelgestus ab. Sie symbolisieren die Götter der alten Hauptorte von Ober- und Unterägypten, die den verstorbenen König ehren, „der durch dieses Spalier direkt auf seinen Sarkophag zuschreiten konnte"[13].

Drei Stufen führen zu dem hinteren Teil der Sargkammer hinab. Hier befand sich der mit dem vollständigen Pfortenbuch dekorierte Alabastersarkophag, der heute in London im Sir-John-Soane-Museum zu besichtigen ist. Die Wände dieses Teils der Sargkammer sind mit der ersten, zweiten und dritten Nachtstunde des Amduat dekoriert. Die erste Stunde nennt alle Bewohner der Unterwelt, die Re bei seiner Nachtfahrt zujubeln. In der zweiten Stunde ist zu sehen wie die Sonnenbarke von weiteren Booten begleitet wird. Diese Prozession setzt sich in der dritten Nachtstunde fort, in der Osiris in verschiedenen Gestalten zu sehen ist, z.B. als Herr über die Gefilde der Seligen oder auch als Sternbild Orion. Die beiden Stunden zeigen die Unterwelt als fruchtbares Land; thematisiert wird die Versorgung der seligen Toten.

In der linken Seitenkammer sind die sechste, siebte und achte Stunde des Amduat aufgezeichnet. In der sechsten Stunde erreicht Re „die Tiefe der Unterwelt, die vom Urgewässer Nun erfüllt ist. Hier ruht der Sonnenleichnam, mit dem der Gott sich als Ba-Seele vereinigt... Nur an dieser entscheidenden Stelle sind die ‚Könige vom Ober- und Unterägypten mit ihren Machtattributen hervorgehoben, um beim Wiederaufleben des verstorbenen Pharao zu assistieren".[14] Der Sonnenleichnam wird hier auch als „Bild des Osiris" bezeichnet. In dieser Stunde vereinigen sich Re und Osiris. Zu sehen ist hier, neben Nun und Sobek als Herren des Urgewässers, auch Tatenen, der Herr der Erdtiefe. In der siebten Stunde gilt es, die Feinde des Re zu überwinden - allen voran Apophis. In der achten Stunde des Amduat zieht der Sonnengott an Grüften vorbei, die mit roten Türen verschlossen sind, aber vor Re geöffnet werden. Sie stehen für alle Grüfte des Totenreiches, in denen die Bas der Götter und Verstorbenen wohnen, die jetzt Re zujubeln.

An drei Seiten dieser Kammer springt eine Art Bank hervor, auf deren Wänden die Grabausstattung abgebildet ist. Es wird vermutet, dass die wirklichen Beigaben hier abgestellt wurden. Auf fast allen Seiten der beiden Pfeiler ist Osiris abgebildet, auch als personifizierter Djed-Pfeiler mit Armen, die Krummstab und Geißel halten. Auf zwei Pfeilerseiten thront Sethos I. als Osiris, einmal ist er beim sog. Ruderlauf zu sehen. Die rechte Seitenkammer blieb fast undekoriert. Es finden sich aber auch hier Spuren des personifizierten Djed-Pfeilers, so dass auch dieser Raum mit Osiris verbunden ist. Ein weiterer Raum mit Pfeilern, der von dem unteren Teil der Sargkammer axial abgeht, blieb unfertig und ohne Dekoration. Hier fanden sich Uschebties - Reste der Grabbeigaben für Sethos I.

Zum ersten Mal in einem Grab ist die (gewölbte) Decke der Sargkammer mit Sternbildern auf der einen und einer Liste von Dekansternen auf der anderen Seite dekoriert – die sog. Astronomische Decke. Die meisten Sternbilder konnten noch nicht identifiziert werden, gesichert sind aber Orion, Sirius und der Große Wagen. „Mit dieser gemalten Himmelsregion über sich, konnte die Ba-Seele Sethos' I. aus dem Sarkophag direkt in den offenen Himmel

---

[13] Hornung/Staehelin, Sethos, 75

[14] Hornung, Tal der Könige, 73f

emporsteigen".[15]

Von der Stelle aus, an der der Sarkophag stand, ging ein über hundertdreißig Meter langer, sehr steiler und enger Stollen in die Tiefe, bis zum Grundwasser hinab. „Eine Nabelschnur zum Kraftquell, dem nährenden Urwasser Nun", so beschreibt Emma Brunner-Traut den Brunnen, der zu jedem Tempel gehört.[16] Eine Beschreibung, die ebenso auf den Stollen im Grab zutrifft – zumindest dann, wenn man davon ausgeht, dass der Anlage eine mythologische Struktur zu Grunde liegt. Es gibt natürlich auch die Theorie, dass der Stollen in eine noch unentdeckte Schatzkammer führt.

Erik Hornung und Elisabeth Staehelin meinen: „Der Gedanke, der diese seltsame Fortsetzung des Grabes bestimmte, ist im Schlußbild des Pfortenbuches gestaltet, das sich am Kopfende von Sethos' Sarkophag findet und den niemals endenden Lauf der Sonne in einem einzigen Bild zusammenfaßt. Die Sonnenbarke wird jeden Morgen aus der Wassertiefe des Nun durch die Hände des Gottes Nun emporgehoben, und das Gestirn wird dabei in Gestalt des heiligen Käfers neu geboren. Die Sonnenscheibe erscheint über dem Käfer und wird von der Himmelsgöttin Nut in Empfang genommen; die Göttin steht auf dem Haupt des Osiris, dessen Körper die Unterwelt umschließt, in welcher die Sonne wieder versinkt. In diesen ewigen, göttlichen Kreislauf sollte Sethos I. eintreten. Er wurde mit der Sonne gleichgesetzt und jeden Morgen aus der Wassertiefe des Urozeans Nun aufs neue geboren. Als toter König betrat er sein Grab, als Gott verließ er es".[17]

Belzonis Grab

Entdeckt wurde das Grab Sethos' I. 1817 von Giovanni Battista Belzoni, einem italienischen Abenteurer, der im Auftrag des englischen Konsuls in Ägypten, Henry Salt, Altertümer aufspüren sollte. Zur Zeit der Entdeckung waren die Hieroglyphen noch nicht entziffert, so dass das zwar ausgeraubte aber ansonsten sich in einem nahezu vollkommenen Zustand befindlichen Grab keinem bestimmten König zugewiesen werden konnte. Es wurde zunächst als Belzonis Grab bekannt.

Der Alabastersarkophag Sethos' I. war bei seiner Auffindung leer. Seine Mumie wurde erst 1881 in einem Sammelgrab – der sog. Royal Cachette von Deir el-Bahari – offiziell entdeckt und in das Museum nach Kairo gebracht. Die Cachette ist ein über einen tiefen Schacht zugängliches Grab aus der 17. Dynastie mit einem etwa sechzig Meter langen Stollen, der zu einem ungefähr achtzig Meter langen Raum führt. In dieses Grab wurden in der 21. Dynastie die Mumien verschiedener Könige des Neuen Reiches gebracht, deren Gräber zu dieser Zeit schon geplündert waren. In der Cachette wurden neben Sethos I. auch Seqenenre, Ahmose, Amenophis I., Thutmosis I., Thutmosis II., Thutmosis III., Ramses II., Ramses III. und einige ihrer Frauen entdeckt.

---

[15] Hornung/Staehelin, Sethos, 81

[16] Emma Brunner-Traut, Ein Wohnhaus für den Gott, in: Merian, 1967, 64

[17] Hornung/Staehelin, Sethos, 82

Zusammen mit dem italienischen Arzt Alessandro Ricci begann Belzoni sofort nach der Entdeckung, die gesamte Dekoration des Grabes zu kopieren, wobei sie sich bemühten, wissenschaftlich exakt vorzugehen, so dass sie „der Nachwelt den ursprünglichen Zustand er Wände und Pfeiler sehr getreu erhalten" haben. Die Zeichnungen und Aquarelle befinden sich heute im City Museum and Art Gallery in Bristol. Diese Tatsache ist umso bedeutsamer, weil das Grab schon bald nach seiner Entdeckung massiven Zerstörungen ausgesetzt war: durch Wasser und Schlamm, die nach starken Regenfällen in das jetzt ungeschützte Grab eindrangen, aber auch durch die frühen Forscher, die ganze Wandteile entfernen ließen, um sie zu „retten"; so etwa 1829 Jean François Champollion, der Entzifferer der Hieroglyphen und Begründer der Ägyptologie, oder 1845 Karl Richard Lepsius, der spätere Direktor der Ägyptischen Abteilung des Berliner Museums. 1905 berichtete Howard Carter über das Grab: „Die bemalten Reliefs wurden durch feuchte Abklatsche entstellt. Die dekorierten Wände wurden wahllos zerhackt, um Kartuschen oder reizvolle Reliefteile herauszuschneiden. Teile von Pfeilern und Türpfosten, die als Stützen dienten, sind entfernt worden; die Decke ist durch Rauch von Fackeln und Kerzen völlig geschwärzt".[18]

Das Grab Sethos' I. ist seit Jahren für Touristen geschlossen, um weitere Zerstörungen – auch durch mechanische Abnutzungen wie die Reibung von Händen und Taschen - zu vermeiden. Die verschiedenen schon von Howard Carter eingeleiteten Restaurations- und Konservierungsmaßnahmen waren aber von jeher kaum mehr als verzweifelte Versuche, das Grab vor dem kompletten Verfall zu retten.

---

[18] Hornung/Staehelin, Sethos, 82

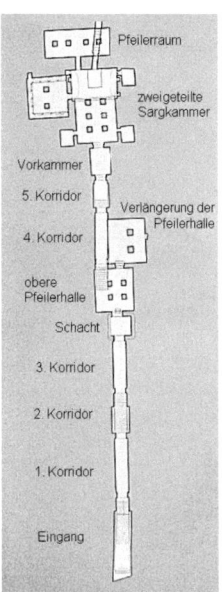

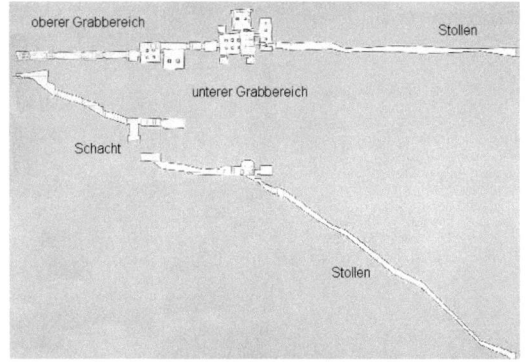

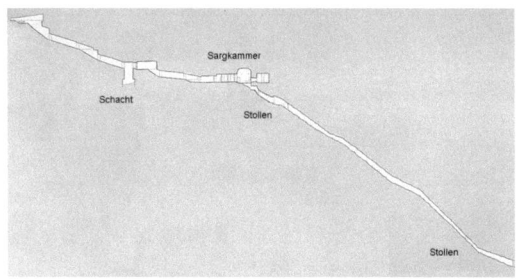

10